Fröhliche Adventszeit!

Uli Stein

Fröhliche
Adventszeit!

Ein Adventskalenderbuch zum Aufschneiden

LAPPAN

Auf dem Weihnachtsmarkt:

Nach dem 12. Glühwein entspann sich unerwartet eine intensive Diskussion, ob denn der Singular von ADVENTSKALÄNDER ADVENTSKALAND sei.

Das Ergebnis habe ich auch gewissenhaft notiert, konnte es aber heute Morgen leider nicht mehr entziffern.

Tolle Geschenke-tipps
zu Weihnachten!

Das neue
BUMERANG-THERMOMETER!

Will man wissen, wie kalt es draußen ist,
möchte aber selbst nicht raus in die Winterkälte,
dann hilft das überaus praktische Bumerang-Thermometer.
Man braucht es nur aus dem Fenster werfen. Wenn es
zurückkommt, kann man mühelos die Temperatur ablesen!

ZOLLSTOCK FÜR ABERGLÄUBISCHE

Ist Ihre Familie besonders abergläubisch und Ihre Freunde weichen jeder schwarzen Katze aus? Dann ist dieser Zollstock das perfekte Geschenk! Er bringt Glück und macht viel Freude beim Verschenken.

Familien mit Kindern sind immer dankbar für eine tolle Geschenkidee. Wir empfehlen für besonders kalte Tage den elektrischen

HEIZSCHNULLER!
JETZT NEU: MIT USB-ANSCHLUSS.

DREI

ICH HABE ERWIN EINEN ADVENTSKALENDER
GESCHENKT, DAMIT ER EINE KLEINE
FREUDE HAT, BEVOR ER
MORGENS ZUM
DIENST
MUSS...

ABER?

ER BEGREIFT DAS
PRINZIP NICHT...

Mach
dieses Gedicht
fertig!

Der Weihnachtsmann hat einen Bart,

der auf den neuen Teppich haart,

....

....

....

....

....

....

....

5.

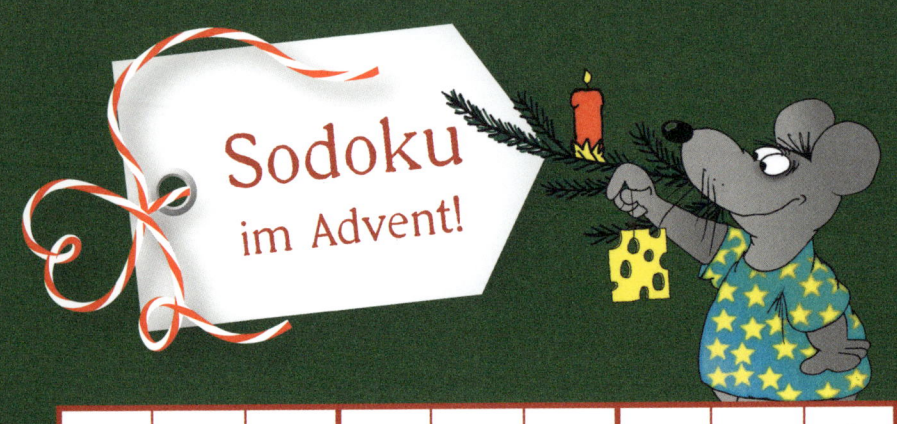

Sodoku
im Advent!

7	2	3				1	5	9
6			3		2			8
8				1				2
	7		6	5	4		2	
		4	2		7	3		
	5		9	3	1		4	
5				7				3
4			1		3			6
9	3	2				7	1	4

Etwas Süßes
zum
Nikolaus!

Je edel die Tanne, desto
wuc... er Der Preis!

Unser Tipp zum Nikolaus:
Glücks-Dominosteine!
Mit schönen Nikolaus-Gedichten
und weihnachtlichen Sprüchen!
Viel Spaß beim Entziffern!

Devote Ober in der Weihnachtszeit

Geflügeltest!

In den Zeitungen war dieser Tage das Ergebnis einer Befragung zu lesen, in dem es hieß, der Deutschen liebstes Weihnachtsessen sei nicht die Gans, sondern das Brathähnchen. Das ist natürlich eine Ente!

Kerzen sind im Advent einfach unerlässlich!

Leider sind sie aber auch unglaublich teuer. Um trotzdem eine weihnachtliche Stimmung zu zaubern und auch jeden Adventssonntag mit einer

weiteren Kerze zu schmücken, stellen Sie die erste Kerze einfach vor einen kleinen Spiegel. Schon haben Sie für den zweiten Advent eine weitere Kerze eingespart.

Möhrchenhafte Alternative

Auch für die Tischdekoration an Weihnachten und den vier Adventssonntagen gibt es eine kostengünstige und gleichzeitig umweltfreundliche Alternative.

10.

Sterne-
basteln
mit Spaß!

So war es bisher:

Wollte man seine Weihnachts-
dekoration selber machen,
musste man die Sterne erst
aufmalen und dann mühevoll
ausschneiden...

Damit ist jetzt Schluss:

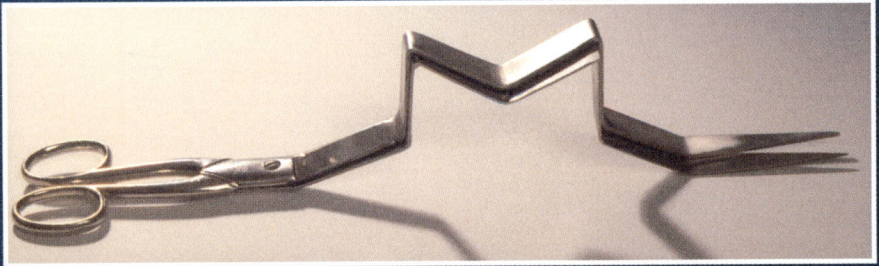

Mit dieser revolutionären Sternschere
haben Sie mit nur zweimal Schneiden
einen Stern fertig: Einmal schnipp und
das Papier herumdrehen und einmal
schnapp und Sie halten einen
perfekten Weihnachtsstern in den
Händen! Prima, oder?

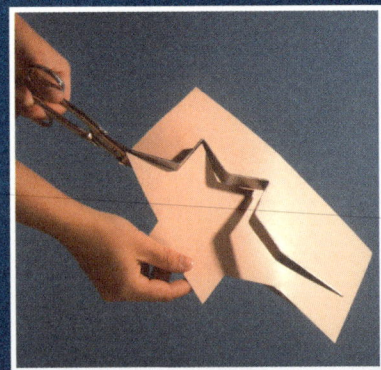

Hübsch und stimmungsvoll!

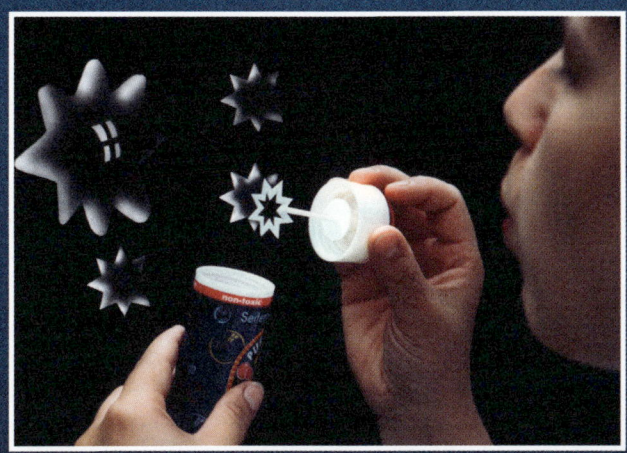

Seifenblasen
„Sternofix"

Im gut sortierten
Spielzeughandel
erhältlich!

Wimmel-spaß im Advent!

12.

Weihnachts-geschenke!

Umtauschen oder behalten?

Lange Leine!

Die Krawatte ist ein absoluter Weihnachtsgeschenke-Klassiker aber mittlerweile recht unbeliebt. Trotzdem werden in diesem Jahr wieder unzählige Krawatten auf dem Gabentisch liegen.

Man stelle sich vor: Würde man alle Krawatten aneinander knüpfen, die dieses Jahr wieder zu Weihnachten verschenkt werden, könnte sich daran ein Sträfling aus einem 563 756 Meter hohen Gefängnisfenster abseilen. Oder auch 563 756 Sträflinge aus einem ein Meter hohen Fenster. Krass, oder?

Treffer fürs Büro!

Eine Dartscheibe ohne Pfeile ist völlig sinnlos.

Wollen oder können Sie das Geschenk aber nicht umtauschen, machen Sie einfach den Kollegen im Büro eine kleine Freude damit.

Viel Spaß!

Finde den Weg zu deinem Geschenk!

„Süßer die Glucken nie klingen ..."

Süßer die Glucken nie klingen
als zu der Weihnachtszeit:
'S ist, als ob Gänselein singen
wieder von Frieden und Freud'.
Wie sie gesungen in seliger Nacht,
wie sie gesungen in seliger Nacht.
Glucken mit heiligem Klang,
klinget die Erde entlang!

Oh, wenn die Glucken erklingen,
schnell sie das Christkindlein hört;
tut sich vom Himmel dann schwingen
eilig hernieder zur Erd'.
Segnet den Vater, die Mutter, das Kind,
segnet den Vater, die Mutter, das Kind.
Glucken mit heiligem Klang,
klinget die Erde entlang ...

Backen im Advent

DIE KEKSE HABEN KEINEN STRENGEN BEIGESCHMACK, WENN DU NICHT IMMER DIE DEKORATION MITISST...

Erstaunlich ...

... wie sehr doch manchmal die verklärte Erinnerung und die kalte Wirklichkeit auseinanderliegen.

Wir hatten früher zu Hause auch genau diesen bewährten, blechernen Messbecher. Ich habe diesen hier neulich auf dem Flohmarkt entdeckt, war aber schon sehr überrascht, wie wenig dort hineinpasst – das hatte ich irgendwie anders in Erinnerung ...

Wir warten auf 's Christkind ...

Unser Tipp:
Spiele und Rätsel
verkürzen die Wartezeit
bis zur Bescherung ...

Wenn Sie mit Ihrem
Hund Scrabble spielen ...

Marktlücke: Kreuzworträtsel-Bleistift
für Senkrecht und Waagerecht

17.

Wortgitter im Advent!
Finde die 15 Wörter

A	N	E	T	H	C	A	N	H	I	E	W
G	J	N	F	N	K	W	L	K	F	N	R
Z	K	T	E	U	L	K	T	N	J	G	B
O	L	N	G	Z	X	A	E	S	N	E	Z
R	Ü	E	P	I	R	J	T	V	I	L	N
A	L	V	W	F	N	E	X	E	K	B	A
N	B	D	X	L	R	Y	K	T	J	I	P
R	T	A	N	N	E	N	B	A	U	M	I
E	L	J	E	Ä	E	E	U	K	S	M	Z
D	D	Ä	H	H	L	U	Ä	Z	F	E	R
E	O	Y	C	K	N	J	G	O	P	U	A
I	V	S	U	W	Ü	A	H	P	L	D	M
L	E	E	K	O	R	H	I	X	Ö	M	J
G	Z	I	B	Ä	F	R	E	T	N	I	W
I	L	N	E	J	K	Z	X	U	Z	Ä	Ö
W	S	Ö	L	E	T	H	C	I	D	E	G

LIEDER · WEIHNACHTEN · ADVENT · KUGELN · ENGEL · KERZEN · STERN · MARZIPAN
TANNENBAUM · GESCHENKE · NEUJAHR · KRIPPE · LEBKUCHEN · GEDICHTE · WINTER

19.

Wenn der Selbstauslöser eingefroren ist!

Findest du eine lustige Sprechblase für Martha?

Der Originaltext steht im Innenteil der nächsten Seiten.

Winter-anfang

Das erste Eis auf der Windschutzscheibe
ist ein klares Zeichen dafür, dass der Winter nun da ist!

Last-minute Geschenke-tipps!

Eine runde Sache!

Zu Weihnachten werden immer gerne Gesellschaftsspiele verschenkt. Doch wer schon viele Spiele geschenkt bekommen hat, kann sich jetzt auf eine absolute Neuheit freuen. Das DREIDIMENSIONALE SCHACHSPIEL. Toll für alle Schach- und Fußballfans!

Voll im Rahmen!

Eine tolle Idee für Freunde der Kunst und alle, die ihr Zuhause gerne schön einrichten.

Finden Sie nicht auch, dass die Zimmerecken immer so kahl aussehen?

Ein ECK-BILDERRAHMEN ist ein toller Hingucker und ein schönes Geschenk zum Fest!

Ganz NEU:
Das Fieberthermometer für Vegetarier!

Das darf auf keinem Gabentisch fehlen!

Richtig
schlemmen
an
Weihnachten

Wenn spanische
Köche Rouladen
zubereiten ...

Weihnachtliche Leckereien,
die sich nie so richtig durchsetzen konnten:

Wiener Printen, Aachener Schnitzel,
Zürcher Pils, Flensburger Geschnetzeltes,
Rügenwalder Marzipan, Lübecker Teewurst,
Leipziger Sprotten, Kieler Allerlei,
Danziger Lebkuchen, Nürnberger Goldwasser ...

In Ferkels Erleichterung, das Rettungsboot erreicht zu haben,
mischte sich irgendwie eine gewisse Beklommenheit ...

24.

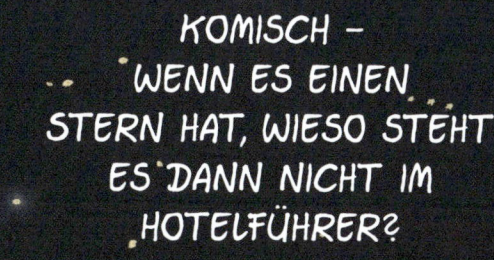

LAPPAN Bücher, die Spaß bringen!

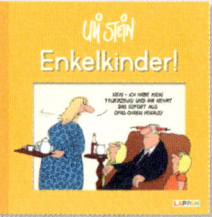

LAPPAN Bücher, die Spaß bringen!

Band 1

ISBN 978-3-8303-3582-5

Band 2

ISBN 978-3-8303-3585-6

Band 3

ISBN 978-3-8303-3561-0

ISBN 978-3-8303-4460-5

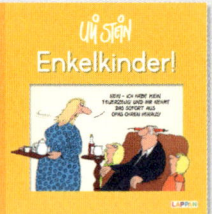

ISBN 978-3-8303-4458-2

ISBN 978-3-8303-4459-9

ISBN 978-3-8303-4461-2

ISBN 978-3-8303-4463-6

ISBN 978-3-8303-4462-9

ISBN 978-3-8303-4465-0

ISBN 978-3-8303-4464-3

NEU:

Allerbeste **OMA!**
ISBN 978-3-8303-4516-9

Weltbester **OPA!**
ISBN 978-3-8303-4517-6

WEIHNACHTEN
ISBN 978-3-8303-3618-1

Foto: Iris Klöpper

Uli Stein, 1946 geboren, ist der erfolgreichste und bekannteste Cartoonist Deutschlands. Nach dem Abi studierte er Pädagogik, entschied sich aber kurz vor dem Staatsexamen gegen eine Beamtenlaufbahn und begann zu fotografieren und zu schreiben. Seine Nonsens- und Satiretexte bescherten ihm eine eigene Sendung beim Saarländischen Rundfunk, bevor er eher nebenbei entdeckte, dass er die Pointen seiner komischen Einfälle mit dem Zeichenstift schneller auf den Punkt bringen konnte als mit vielen Worten. So entstanden seine ersten Cartoons, deren Figuren im Laufe der Jahre zu den unverwechselbaren Charakteren wurden, die heute Millionen Menschen kennen und lieben. Seine Cartoons erschienen zuerst in Zeitungen und Zeitschriften, danach in Büchern und auf zahlreichen Produkten. Allein im deutschsprachigen Raum sind mehr als 13 Millionen Cartoonbücher von Uli Stein verkauft worden. Er hat damit nachhaltig die Cartoonszene geprägt.

Uli Stein lebte und arbeitete zurückgezogen bei Hannover, seiner Geburtsstadt. In den letzten Jahren tauschte er den Zeichenstift zunehmend gegen die Kamera ein und ging seiner zweiten großen Leidenschaft nach: dem Fotografieren. Mehrere viel beachtete Ausstellungen, aufwändige Fotobände und Kalender dokumentieren auch diese Seite seiner Kreativität.

Im Mittelpunkt seines künstlerischen Schaffens standen immer wieder Tiere, vor allem Hunde, die er leidenschaftlich liebte. 2018 gündete er die „Uli-Stein-Stiftung für Tiere in Not", die sich dem Tierschutz im In- und Ausland verschrieben hat und seine Anliegen weiterführen wird.

Unser Versprechen für mehr Nachhaltigkeit

- Klimaneutrales Produkt
- Farben auf pflanzlicher Basis
- Papiere aus nachhaltiger Waldwirtschaft
- Hergestellt in Europa

1. Auflage 2021

– Originalausgabe –
© 2021 Lappan Verlag in der Carlsen Verlag GmbH, Oldenburg/Hamburg
ISBN 978-3-8303-7973-7

Herstellung, Konzept und Lektorat: Ulrike Boekhoff

© Uli Stein-Cartoons bei Catprint Media GmbH
Hauptstraße 101 · D-30826 Garbsen
Tel. 05131- 9066835 · Fax 05131-9066837
www.catprint.de

Uli Stein im Internet: **www.ulistein.de**

Triff uns auf facebook.com/lappanverlag
und auf instagram.com/lappanverlag • www.lappan.de

Bildnachweis:

Geschenkanhänger auf den Seiten 02, 06, 10, 15, 18, 22, 26, 30, 38, 42, 46, 47, 50, 54, 62, 66, 74, 79, 82, 87, 90, 94: K3Star
Schnee auf den Seiten 06, 30, 86: maximmmmum
Glühweinstand auf der Seite 06: dvoevnore
Steckdose auf der Seite 11: agung saputra
Blauer Hintergrund auf den Seiten 14/15, 42/43, 70/71: goja1
Sternchen auf den Seiten 18/19, 46/47, 74/75: Zayats_art
Tannengrün auf den Seiten 22/23, 50/51, 94/95: SMSka
Goldener Hintergrund auf den Seiten 26/27, 54/55, 82/83: Apostle
Musik-Noten auf der Seite 59: mhatzapa
Kekse auf Seite 62: Billion Photos
Strohsterne auf den Seiten 70/71: Peter Hermes Furian
Besteck auf der Seite 94: Novi Elysa

Alle aufgeführten Bilder von shutterstock.com

FSC
www.fsc.org

MIX
Papier aus verantwor-
tungsvollen Quellen
FSC® C002795